MARIE JONESCO

EUX

Lettre-Préface de M. BRIEUX

de l'Académie française

ÉDITIONS GEORGES CRÈS & Cie

116, BOULEVARD SAINT-GERMAIN 116.

PARIS

MCMXVII

EUX

LUCIEN LANTIER

MARIE JONESCO

EUX

ÉDITIONS GEORGES CRÈS & Cie

116, BOULEVARD SAINT-GERMAIN 116,

PARIS

MCMXVII

PRÉFACE

À neuf ans la France m'ouvrit les bras. Je lui apportais mes rires joyeux, toute ma gaîté, mes rêves d'enfant. Plus tard, la France m'ouvrit les bras : elle m'inonda l'âme et le cœur de lumière. Je lui apportais mes illusions avec mes aspirations. Maintenant la France m'ouvre les bras. Blottie contre son cœur, je lui apporte toute ma douleur.

Humblement, je lui dédie ce livre.

Avril 1917.

PREMIÈRE PARTIE

Comment ils se défendirent

Premier août 1914

L'ordre de mobilisation générale a paru en ces termes :

Armée de terre et armée de mer,

Par décret du Président de la République, la mobilisation des armées de terre et de mer est ordonnée, ainsi que la réquisition des animaux, voitures et harnais nécessaires au complément de ces armées.

Le premier jour de la mobilisation est le dimanche 2 août 1914.

Tout Français soumis aux obligations militaires doit, sous peine d'être puni avec toute la rigueur des lois, obéir aux prescriptions du « fascicule de mobilisation ».

Sont visés par le présent ordre tous les hommes non présents sous les drapeaux et appartenant :

1° A l'Armée de terre *y compris les* Troupes Coloniales *et les hommes des services auxiliaires ;*

2° A l'Armée de Mer *y compris les* inscrits maritimes *et les* armuriers de la marine. *Les autorités civiles et militaires sont responsables de l'exécution du présent décret.*

Le ministre de la guerre.

Le ministre de la marine.

Le terrible coup a été porté. Calmes et dignes, les Français partent. Jeunes et vieux, en vingt-quatre heures toute la France est debout. Les femmes ont les yeux pleins de larmes : on les rencontre partout, dans les rues, en métro, en tram, en auto, le regard figé perdu au loin, suivant l'aimé, sous la forêt épaisse des baïonnettes, à travers le grondement sourd du canon, l'aimé qui les étreignait, hier encore, sur son cœur de brave et qui les caressait avec de belles paroles dans la plus belle langue du monde.

Paroles de courage, d'amour et de devoir, promesses de glorieux retour que, désormais, jamais elles n'oublieront ! L'aimé aura donné son sang pour la France, pour la Liberté. Les petits n'auront plus de père ; il sera mort à la grande guerre. Est-ce que son père à lui ne mourut pas en 1870 ?

Hier, Place de la Bourse, au télégraphe : tumulte, bousculade ; on attend longtemps son tour. Sur la petite table où j'écris, à côté de moi un grand gars, d'une écriture de Bébé, griffonne ces lignes : « Parents, je vous embrasse encore, peut-être pour la dernière fois ; alors ... je vous embrasse quand même. » Puis, avec un gros rire, se tournant vers moi : « Cette fois-ci, ça y est, ma belle, on part pour Berlin ! »

⁂

La nuit, Place de la Concorde, s'élève un chant immense qui semble sortir des entrailles de la Terre : la *Marseillaise !* hymne sacré. Maintenant, on doit l'écouter à genoux...

⁂

Trois heures du matin : calme, fraîcheur, frissons.

Au Champ de Mars. Droits et fiers, partent les beaux cuirassiers de France. La lune argente leurs casques. Derrière eux, l'aigle s'est réveillé ; il les pousse de ses ailes formidables. Devant eux, dans la nuit, une lueur dessine les contours lumineux d'un tout petit bicorne. Dans sa tombe, aux Invalides, Il a tressailli ! ! !

Gare de Lyon.

Le train est bondé de soldats, venus de partout .... A l'intérieur, on chante la *Marseillaise*. Quelques fausses notes : mais c'est ... la *Marseillaise*. Sur le perron, une vieille femme. Petit chapeau noir, collet vert jadis noir, gants de laine ; tout cela flottant sur ses vieux os glacés, elle paraît avoir cent ans. Elle tient la main de son petit-fils, qui s'en va ; elle essaie de sourire. Quel sourire !... On ferme les portières, le train glisse, part. Elle lève la main comme pour un signe de croix. Elle tremble... Non : c'est le dernier baiser qu'elle envoie, le tout dernier, au train noir qui emporte son petit, son tout petit à elle... l'enfant de sa fille morte.

Maintenant, elle se raidit, l'œil fier, elle pense : le voilà parti comme son Père, pour la France.

⁂

L'âme de Paris frissonne, l'âme de la grande cité monte. La merveilleuse, la « Belle » entre toutes, semble flotter dans l'espace à travers les grisailles des crépuscules et le rose des aurores. Paris a vu partir ses enfants, les plus chers, les plus beaux. Fleurons de sa couronne, ils sont tous partis ces vaillants, en chantant. Les poètes, les peintres, les sculpteurs, les ciseleurs, les graveurs, les émailleurs, les décorateurs, les ébénistes, tous, tous, s'en sont allés sauver la France et mourir pour elle. Paris se recueille, enveloppé de tristesse, drapé de silence. Paris se réveillera à la nouvelle aube, au chant du coq gaulois, cité rayonnante de beauté et de lumière éternelles.

***

Le plus jeune soldat de l'armée française, en 1914, était un Lorrain de Pont-à-Mousson.

Il s'appelait René Metzinger et il avait quinze ans. Depuis le commencement de la guerre, René marchait avec le régiment qui l'a adopté, armé, habillé. Il ne lui manquait que le pantalon, car ceux du magasin étaient trop longs ou trop larges pour lui. Il s'est battu plusieurs fois, a eu un fusil brisé entre les mains par un éclat d'obus. Brave petit René, où peut-il être à présent ? Peut-être repose-t-il, là-bas, au champ d'honneur, dans les plis de son drapeau.

***

Le capitaine Césari est monté très haut en aéroplane, muni de bombes pour les jeter sur le hangar allemand de Frascati, à Metz. — Subitement, là-haut, à 2.700 mètres, son moteur s'est arrêté. Il a continué son vol plané dans les bras de la mort. Calme, il a jeté ses bombes. Puis, subitement, le moteur s'est remis à marcher...

⁂

Gare Saint-Lazare.

Bruit, va-et-vient, des voyageurs pressés, des femmes,— petites jupes, petits chapeaux, petits manteaux sombres,— les yeux rouges. Des poilus, beaucoup de poilus, partent. Dans un coin, quelques religieuses toutes blanches de N.-D. d'Afrique, têtes baissées, prient. Les plis blancs de leurs blanches robes ondulent autour d'elles. Arrive une petite vendeuse de violettes, maigre, grêle, mal habillée. Avec un sourire, elle offre un bouquet au plus grand des Poilus, au sergent. Lui se baisse, la saisit à pleins bras, l'enlève, l'embrasse et la pose doucement à terre. Elle, subitement, étreint, puis embrasse son épée ! ! !

Le signal du départ est donné ; les poilus, debout en peloton. Les religieuses se lèvent, la supérieure ferme le livre de prières, toutes font le signe de croix.

Les poilus passent ....

A l'*Angelus*, dans les églises les cierges flamboient et palpitent, on entend : « O Marie Mère des grâces, toute puissante, sauvez la France ! sauvez la France ! »

Le colonel d'Arche a défendu Longwy du 3 au 27 août 1914. Longwy résista 24 jours.

Plus de la moitié des soldats périrent. Le gouvernement décerna la croix d'officier de la Légion d'Honneur au colonel d'Arche. Longwy fut bombardé sans arrêt six jours et six nuits par les obusiers de 220.

Le *Mousquet* fut coulé le 9 novembre, dans la baie de Pénang, par l'*Emden*. Le *Mousquet* était en dehors du port quand il entendit la canonnade. Le *Mousquet* n'hésita pas ; il rentra et constata que l'*Emden* attaquait le croiseur russe *Juntchoung*. Il marcha droit à l'ennemi dans l'espoir de le torpiller avant d'être lui-même atteint. Assailli par une grêle d'obus qui le cribla, l'un d'eux tomba sur le pont entre le lieutenant Carisson et le commandant.

Le lieutenant Carisson fut atteint de trois blessures à la jambe ; le commandant gisait étendu dans une mare de sang, les deux jambes emportées. Le *Mousquet* coulait. L'équipage se précipita au secours du commandant, qui défendit de le relever et donna l'ordre de continuer le feu jusqu'à la dernière minute. Et le *Mousquet* sombra héroïquement avec son héroïque commandant.

A Morhange, les officiers de St-Cyr montèrent à l'assaut en gants blancs. Presque tous furent tués.

LA MORT DU GÉNÉRAL BRIDOUX

Emprunté au carnet de campagne du Docteur P. de Bellevue. Ce récit montre l'âme française dans toute son incomparable beauté :

« J'ai eu hier une des journées les plus émouvantes de ma vie : le général Bridoux, commandant notre corps de cavalerie depuis dix jours, à la place du général X..., remercié, est mort dans mes bras. J'ai vu beaucoup mourir depuis vingt ans ; je me rappelle les morts de Plutarque, du *De viris illustribus* et des généraux de l'Empire, je suis convaincu qu'une âme aussi belle et aussi noble a bien rarement animé un mortel.

La scène se passait dans une cabane en torchis, par un jour tellement gris qu'on y voyait à peine, au son de la fusillade qui s'éloignait et se rapprochait, par une pluie torrentielle qui faisait rage. Le temps était tellement « bouché », comme disent les marins, qu'on ne voyait guère qu'à 200 ou 300 mètres. Pour se rendre mieux compte des opérations, le général venait de sauter dans une auto, suivi de son état-major dans quelques autres, et le petit groupe s'avançait à la découverte, quand éclate brusquement sur lui la fusillade nourrie d'un parti d'Allemands postés à 50 mètres, à la corne d'un bois. Les voitures sont criblées, le général est atteint, deux officiers d'ordonnance sont tués net, deux chauffeurs foudroyés. L'escorte à cheval dégage rapidement les voitures en poursuivant l'ennemi qui s'enfuit. On transporte, au milieu des trombes d'eau, le général dans la masure la plus proche et on nous appelle en toute hâte. A notre arrivée, je constate que le général Bridoux a reçu une balle qui, sortie par la région deltoïdienne de l'épaule droite, a dû traverser le poumon (car il a de l'oppression, de la matité et des râles sous-crépitants à l'auscultation) et trancher la partie postérieure de la moelle, car il est anesthésié, insensible : paralysie de toute la partie du corps sous-jacente à sa blessure.

Le pronostic est fatal, à brève échéance. Rien à faire qu'à retarder le dénouement par de la caféïne, de l'éther, de l'huile camphrée. Je m'y emploie avec ardeur et lui donne ainsi une heure de plus de vie. Cet homme, mortellement atteint et qui le sait, ne pousse pas une plainte : quand la douleur est trop forte, il ne dit pas : « Je souffre », mais « je me sens mal ». Il parle de sa femme et de ses enfants à l'aumônier ; à nous, rien que de son armée, de ses soldats et des ennemis. Il me dit son admiration pour « ce corps de cavalerie qui marche sans chevaux, mais dont tous les hommes sont des braves ». Il s'assoupit de temps en temps, mais reprend vite son monologue sur « ses braves cavaliers ». Le général Buisson, qui commandait notre division, arrive et cette conversation sublime, qu'on ne peut reproduire qu'en termes trop faibles, s'engage entre ces deux héros :

« Mon cher Buisson, mon brave ami, je meurs pour mon pays et j'en suis presque content, puisque cela va vous permettre d'exercer le commandement dont vous êtes digne... N'oubliez pas que notre rôle est d'aller en avant, toujours en avant, qu'il nous faut faire le plus de mal possible aux Barbares qui veulent anéantir notre belle France. J'ai confiance dans la victoire finale, je regrette de n'y avoir contribué que peu. Mais je suis content car mon pays triomphera. »

Le général Buisson lui répondit dans des termes à peu près analogues ; ils s'embrassèrent et l'agonie commença. Au bout de dix minutes, le mourant rassemble les dernières forces qui lui restent et prononcent ces mots dignes de l'antique, qui furent exactement ses dernières paroles.

« Je meurs avec joie pour mon pays. Dites au corps de cavalerie que le sacrifiee de ma vie doit lui servir d'exemple. »

La, le coma commença tellement profond qu'en cinq minutes il était mort.

Pendant tout ce temps, le général était dans mes bras, roulant sa tête tantôt sur mes bras, tantôt sur ma poitrine, et j'avais peine à me retenir de l'embrasser, tant cet homme était brave devant la mort, simple et fort dans ses propos. Je le répète, j'ai vu beaucoup de gens mourir, hélas ! je ne croyais pas possible qu'on pût être aussi héroïque à une seconde du néant éternel ! — Cet homme était un chef et un héros !

Je suis encore malade de cette scène splendide et émouvante, déroulée au milieu des quelques officiers aussi éminents que lui par le courage et la valeur et qui pleuraient et même sanglotaient. Lui seul, le patient, consolait tout le monde et avait l'œil sec. C'était beau comme du Corneille ...... »

C'était vers le 20 août 1915. L'armée de von Klück s'en allait à travers le Brabant vers la frontière française. Elle roulait comme un serpent à travers la Belgique ; l'infanterie, suivie de la cavalerie et de l'artillerie avec ses prodigieux canons. Le flot déferlait, poursuivant le cours des incendies, des meurtres, des pillages, des viols, des brigandages. La petite et brave armée belge luttait jusqu'au désespoir, repliée maintenant sur Anvers dont on organisait la résistance, tandis qu'aux alentours, Malines, Sierres, Aerschot, Termonde subissaient leur infernal destin. Un soir, des hauteurs de Bruxelles, le ciel s'illumina d'une lueur effrayante : Louvain flambait. Et, pourtant, le peuple belge ne sera jamais ni conquis, ni soumis ; le peuple belge ne peut pas mourir. Les Belges d'aujourd'hui sont les fils des Flamands de Courtrai ; ils n'ont jamais craint d'affronter leurs puissants voisins. Leur sol trempé du sang de millons de combattants est fécond en moissons de l'esprit. Le nom d'Albert Ier est synonyme de bravoure, de courage, d'abnégation. — Immortel héros, « effigie éternelle de vitrail de cathédrale ».

VERS L'ANGLETERRE

Notre train croise un train militaire : tout un régiment revient du feu de Mulhouse, l'uniforme poussiéreux, tordu, fripé. Dans leurs yeux, une indéfinissable tristesse ; la mort a passé. Pourtant, ils chantent. On leur donne ce qu'on a, ce qu'on peut : cigarettes, cartes postales, petites boîtes de conserves. Ils emportent des trophées, un casque, des galons, un manteau de uhlan ! Ils vont au secours des Belges. Doucement les trains se séparent. Les larmes perlent au bout de nos cils. — Vive la France ! — Vive... la France !

Le train disparaît

⁂

A bord, voici les Anglais : des Ecossais graves aux yeux bons et doux, des blessés, encore des blessés. Pas un gémissement, pas un soupir ; l'un a perdu l'œil, l'autre a les jambes brisées. A l'arrivée, le cortège défile sur des brancards, la foule se découvre. — Là-bas, en mer, un roulement formidable : le canon. Une mer de plomb, houleuse, mauvaise.

A Londres, on vend chez tous les fleuristes des fleurs blanches ; les devantures ont l'air en fête. De près, on aperçoit des croix, des ancres, beaucoup d'ancres, des couronnes en gardénias, en chrysanthèmes.

La brave Albion a fiancé ses enfants à la mort, à la gloire, à l'immortalité. Les Tommies, — il y en a de tous les âges, mais surtout des jeunes, de bien jeunes, — on les croise partout. Ils sont par rangs de quatre, de six, de huit, fusil à l'épaule, droits, fiers, l'air pincé, poitrine en avant, cheveux d'or... Les yeux lancent un tout petit regard de droite, de gauche. Dame, ils sont enrôlés et rap.... rap.... rap...., ils s'en vont chantant : « Allons enfants de la patrie ». Là-bas, la bataille .... la gloire .... « Il n'y a qu'une Angleterre et tout le monde n'est pas Anglais ...... »

Derrière eux est resté la petite maisonnette brune, cachée sous les guirlandes de chèvrefeuille qui l'enlacent. Silencieuse, discrète, elle a gardé tout leur bonheur, tout leur cœur.

Brighton, octobre.

Devant la poste, des voiturettes, presque des berceaux, d'où émergent des têtes blondes bouclées, puis d'autres d'un blond plus chaud, de petites figures blanches, très blanches. Tous crient, piaillent, pleurent, « seuls ».

. A l'intérieur, les pauvres mères, mal habillées, s'impatientent devant le guichet qui doit délivrer la paie du Samedi pour les « Maris » qui se battent là-bas au front, dont on ne sait rien, presque rien, à part la liste des morts qui paraît chaque jour « killed, missed, wounded ». Dehors, le piaillement continue. Les passants regardent,mais personne ne s'étonne: on sait bien que chaque berceau est couvert du drapeau anglais qui porte la croix et les éclairs.

Dover Street, 6 h. du matin.

Une vieille, petit chapeau à brides, robe usée, traînant un peu le pied, petit collet sur ses épaules amaigries. L'homme, aveugle, à ses côtés. A peine s'il remue ses doigts noueux, tordus ; il tire de son cœur lentement, douloureusement, les accords de la *Marseillaise :* « Allons en-fants-de-la-pa-trie ». Chaque nouvel accord est marqué par un pas chancelant de droite ou de gauche. Péniblement, ils avancent... Deux sous roulent sur le pavé; la femme se baisse, l'homme, doucement, d'une main tremblante lève son chapeau. Tristesse — tenue — misère — race.

La mer déferle en vagues blondes; la mer déferle en vagues bleues, de tous les bleus; la mer est toute couverte d'acier ; d'autres vagues frissonnent et tremblent. La mer, auréole de la Grande-Bretagne, houleuse et mauvaise, se fâche; la mer est glacée et froide. Le soleil enfonce son épée en son sein.

Là-bas, au loin, grondent les canons, éclatent les obus, passe Sa Majesté — la Mort !

***

A Londres, novembre.

Nuit sombre, brouillard intense. De la fumée blonde monte en spirales, enveloppant tout, réunissant le ciel à la terre, la terre au ciel. Les maisons flottent, légères ; on se croirait sur l'eau : on sent la route, on ne la voit pas.

Aucune lumière, aucune lueur ; les réverbères endeuillés, les stores baissés sous peine d'amende, de prison.

Les gens circulent. Minuit, on n'entend rien. Des ombres vous frôlent, des couples amoureux passent, la main dans la main ; à chaque pas, on devine l'uniforme couleur de poudre...

Six jours de congé, et puis retour

vers la lutte, vers l'effroyable agonie où l'on sort des tranchées pour monter à l'échafaud, vers le grand charnier, vers l'implacable, qui fauche des générations !

***

En chemin de fer, un Tommie, 18 ans, tapi dans un coin ; second Tommie, 17 ans, tête bouclée de chérubin ; puis troisième, quatrième Tommie, environ même âge, sanglés, ficelés, de pied en cap, fusil à l'épaule. Sur le perron, buffet gratuit pour les soldats et les marins ; on se réconforte, il fait froid ; brouillard, nuit de novembre — courent les frissons, claquent les portières, pas une parole, le train roule dans le noir...

Sous l'abat-jour en papier, dans la petite chambre anglaise, la pauvre mère se résigne, mord ses lèvres, tord ses mains ; une ride de plus au front, elle marche silencieuse, sans espoir. Son petit, sa vie, parti pour son « duty ». Elle se raidit, se donne du courage, regarde dans le noir par la fenêtre ; elle est là toute petite, serrant son châle de ses doigts glacés.

Au beffroi de la ville, depuis longtemps, minuit avait sonné.

***

Le *Cressy* a coulé dans la nuit du 24 septembre 1914.

Ils sont là debout à leur poste, impeccables, défiant le sous-marin allemand, les enfants d'Angleterre, les enfants des vieux loups de mer. Soudain, dans la nuit, à travers le mugissement des vagues, sous le ciel de plomb où à peine scintillent quelques étoiles, s'élève un murmure, un chant immense : *It's a long way ot Tipperary, it's a long way to go...*

Le *Tipperary* qui a bercé leur enfance... Et le bateau s'enfonce dans le mystère des ténèbres glacées.

En général, les Anglais, dans leur histoire, ne comptent pas de très nombreuses victoires ; ils en ont cependant une, qui est grande, belle, éclatante : « la dernière ».

⁂

Tempêtes de fer, éclats d'obus, mines sous les vagues bleues, Zeppelins, gaz asphyxiants, grenades, tout cela pour donner la mort aux chers petits qu'on a bercés, caressés, soignés, veillés avec angoisse au prix de tant de peine.

⁂

Des hommes sans bras, sans jambes, jeunes, finis, perdus : des oiseaux sans ailes.

Plus tard, beaucoup plus tard, après la guerre, quand tout sera fini, classé, oublié, quand les mains se tendront sous l'égide de la paix divine, que diront les pauvres morts, les morts non ensevelis, les morts ?

La Cathédrale de Reims, Notre-Dame de France, fut bombardée et incendiée par les Allemands, le 19 septembre 1914. Il n'y eut pas un être au monde, sentant et pensant, dont le cœur ne saignât. Se sont-ils rendu compte qu'en touchant à la Cathédrale de Reims ils tentaient d'assassiner l'âme d'une race? et de quelle race !

Il est utile de connaître parmi les savants de notre époque, le Professeur Clemen Doppelsdorfer, Allée 56 à Bonn. Parce qu'il y a Clémen et Clémen. C'est une petite dynastie. D'abord, l'ancêtre, Auguste Clémen, licencié en théologie, docteur en philosophie, conseiller ecclésiastique, né le 6 décembre 1838. Il a écrit divers ouvrages théologiques fort ennuyeux. Son fils, Carl, est actuellement docteur en philosophie, Privat-Docent pour le Nouveau Testament et la théologie pratique. Ce n'est pas lui qui est le grand homme; c'est son frère « Paul », qui a été chargé d'un voyage d'inspection à travers les richesses artistiques des pays dévastés. C'est un savant; il étudia principalement l'iconographie de l'Empereur Charlemagne. Travaillant avec méthode, ne négligeant aucun détail, il doit savoir même de quoi était faite la culotte du Roi Dagobert. Malgré ses titres, malgré la peine inouie que le Professeur Paul Clemen se donnera, je doute qu'il retrouve grand'chose de la bibliothèque de Louvain brûlée par les pastilles incendiaires du Docteur Ostwald, de la ville de Namur démolie à coups d'obus de gros calibre, du Couvent de Frameries brûlé à l'aide de pompes à pétrole, de l'église de Saint-Pierre, de l'Université de Louvain, de la Cathédrale de Saint-Rombault à Malines, des Halles monumentales d'Ypres. J'en suis désolée pour le Professeur Paul Clémen, mais même de la ville de Tongres et la célèbre collection de l'honorable M. Huybrechts, il ne trouvera rien, puisque les tableaux, meubles et objets d'art précieux de la collection furent déménagés par train spécial.

Se souvenir !

Professeur, inspecteur, conservateur, Paul Clémen Poppelsdorfer, Allée 56, Bonn !

***

Il neige ; tout est poudré depuis hier soir. Il neige sur l'herbe blonde, les fleurettes, les bruyères. Les champs sont couverts d'un blanc tapis. Il neige sur les tombes, là-bas, aux champs de bataille et chaque hiver une autre neige blanche tombera, mais les voiles de l'oubli, eux, ne tomberont pas. Non, nous les portons en nos cœurs, nos chers morts. S'ils ont su bravement mourir, ils nous apprennent à vivre bravement...

Alleluia ! Alleluia ! sur les tombes ; les jours meurent doucement.

Angoissée, l'âme à genoux tremble et prie !...

Nuit noire. Paris plongé dans l'obscurité. La mort avec son bruit sinistre vole au-dessus de nous. Il fait très froid... Où tomberont les bombes ?

A 8 heures, nous étions quatorze à table. Grimaces — risées — la mort ricane...

Nice, avril.

A l'église russe, à genoux. Je ploie la tête sous le poids de toute la douleur du monde et ne puis prier...

On se bat à Verdun depuis dix jours. Les braves Poilus, les chers

Poilus luttent comme des lions — luttent comme des dieux...

Ce sont ceux de la Marne, ceux de l'Yser, mais ce sont ceux de Tolbiac, de Bouvines, de Rocroy, de Valmy, d'Austerlitz, de Magenta ! ! Est-ce qu'on peut s'étonner ? Est-ce qu'on s'étonne ?

En cela, la France était supérieure à l'Allemagne. Éreintée, privée de tout après une longue et déprimante retraite, d'un sursaut l'armée française se redressa et ce fut la victoire de la Marne, le miracle de l'énergie française, de la vertu, de la race brave et guerrière entre toutes !

⁂

Officiel.

Le lieutenant Guynemer fait partie de l'escadrille des Cigognes. Il n'a que 21 ans. Il porte sur sa poitrine la croix de la Légion d'honneur, la médaille militaire et la croix de guerre avec quatorze palmes. Il a été réformé cinq fois ; il a dû faire intervenir les plus hautes protections pour réussir à s'engager dans l'aviation. Sa première victoire date du 19 juillet 1915. Le 6 mars 1916, il livra à un avion allemand un combat aérien au cours duquel son avion, ses vêtements et ceux de son observateur furent criblés de balles. Le 12 mars, il a attaqué un avion allemand et l'a abattu en flammes dans les lignes françaises. 21

combats aériens depuis six mois, 8 avions allemands abattus, dont 7 à l'intérieur des lignes françaises. Désigné pour rejoindre l'armée de Verdun, il a abattu un avion ennemi en cours de route. A peine arrivé, il a livré six combats aériens. Au cours du dernier contre deux avions ennemis, il a eu le bras gauche traversé de deux balles. A peine guéri, il a repris son service sur le front. Le lieutenant Guynemer vient d'être promu capitaine...

Ça un homme comme les autres ? Non... un demi-dieu !

⁂

L'escadrllle des Cigognes jusqu'au 14 janvier 1917 a livré 820 combats. Le tableau de chasse indique 83 avions allemands abattus et 3 drachens incendiés.

***

Le lieutenant de Chambray avec son régiment a défendu le bois de Lupé pendant 6 jours. C'était au commencement. On faisait connaissance avec les petites mitrailleuses. A tout instant — pan — la mort sortait de terre. Le lieutenant de Chambray monta trois fois à l'assaut. Sa voix formidable dominait tout: « En avant, mes enfants, pour la France, vive la France ! » criait-il en faisant un moulinet de son sabre qui l'accompagnait comme une auréole. Sa voix montait jusqu'au ciel. Au troisième assaut, le capitaine de Chambray disparut dans un tourbillon de feu « Pour la France ». Pendant six jours, lui et ses hommes, tapis à terre, ne mangèrent que quelques morceaux de lards trempés de sang, trouvés dans les poches des morts

⁂

Fragment d'une lettre de combattant. Récit de l'enlèvement du village de Saint-Georges, sur la rive gauche de l'Yser, 24 janvier 1915 (*Figaro*) :

« Comme je vous l'ai écrit, j'ai pris part récemment à une opération des plus longues, des plus difficiles, mais aussi des plus glorieuses. Il s'agissait d'enlever Sant-Georges, le dernier village possédé encore par les Allemands sur la rive gauche de l'Yser. Cette mission fut confiée à un détachement d'attaque composé de marins, de chasseurs à pieds, de cyclistes, de dragons à pied et d'artillerie.

Ainsi, huit cents hommes environ et la valeur de quatre batteries d'artillerie allaient accomplir une tâche devant laquelle venait d'échouer une division entière. Le morceau était gros à avaler. D'accès pour ainsi dire impossible, la localité ne pouvait être abordée que par deux digues de trois mètres de large et une route de six mètres se présentant en ligne droite devant l'ennemi sur une profondeur de plus de 2.500 mètres. Il avait fallu, en effet, renoncer dès les premières tentatives, à utiliser la rivière et les inondations pour faire approcher du village les embarcations montées par les fusiliers-marins. Dès la première attaque lancée d'après les ordres donnés, nous eûmes une centaine d'hommes hors de combat. Tout homme qui se présentait devant le village, visé par un tireur de premier ordre, était un homme mort: les Allemands faisaient du tir à la cible. Aussi, le colonel n'hésita-t-il pas à adopter une autre méthode ; dès lors nous avançons de quatre-vingt à cent mètres par nuit; il est impossible de travailler le jour.

La soirée de Noël, surtout la nuit, est particulièrement dure. Les Allemands inquiets de nos progrès nous attaquent furieusement, nous empêchent de travailler et par suite d'avancer. Il est vrai que, dans la journée du 25, nous avons la compensation de recevoir la visite d'hôtes de marque. Ce sont des Anglais, dont le prince de Teck, qui nous apportent nos cadeaux de Noël, un projecteur et une canonnière blindée. Ceci n'empêche pas chaque jour les obus de 305 de continuer à tomber à 50 mètres de nous, achevant de démolir les ruines et ensevelissant de malheureux territoriaux et zouaves dans les caves où ils se sont réfugiés.

Le 27 décembre, les Allemands nous ayant émoustillés le soir du 26, notre colonel donne à quatre heures l'ordre d'attaquer avec l'appui de feu de toute son artillerie. Quelle musique ! Seize pièces de 75, quatre de 90 et deux de 95 tirent de sept heures à neuf heures du matin, à raison de huit coups à la minute, des obus explosifs ! Aussi enlevons-nous la lisière nord du village (la fameuse maison du Passeur) et faisons-nous une quarantaine de prisonniers. C'est la joie !

Le 28, après un deuxième assaut précédé d'un violent bombardement, nous avons le village. Le colonel reçoit immédiatement, par téléphone, les félicitations du général commandant le groupement de Nieuport. Nos troupes se sont conduites d'une façon admirable. Pendant toute la journée du 29, ce ne sont que visites au village, entre autres du général et du prince de Teck.

Les Allemands l'apprirent-ils ? Toujours est-il que, dans la soirée, ils nous contre-attaquent violemment ; mal leur en prit : nous étions parés. Ils perdent deux cent cinquante tués, au moins trois fois plus de blessés, cinquante prisonniers. Nous n'avons perdu que dix morts et quinze blessés. Le 30, bombardement. Nous recevons plus de quatre mille obus ! Nous avons une soixantaine d'hommes hors de combat, dont trois officiers tués. Mais tous les efforts des Allemands se heurtent à la parfaite organisation de notre résistance et la possession de Saint-Georges nous est maintenant définitivement acquise.

Les Français seuls peuvent entreprendre une chose semblable. J'ai vu se dérouler bien des événements depuis cette guerre, dit le colonel Sealy, mais vous êtes le seul que j'aie vu prendre un village qu'on ne peut aborder que par une chaussée. L'attaque a duré du 13 au 28 décembre.»

A L'ASSAUT

Fragment

Ch. Tardieu.

Figaro, 17 déc. 1814.

Récit d'un caporal :

« Le Commandant parcourt nos lignes, jetant des conseils d'une voix brève :

—Ne tirez pas ; couchez-vous à chaque arrêt ; courez après chaque rafale et aux mitrailleuses d'abord ! Courage, mes enfants, et silence jusqu'aux fils de fer...

Il finit à peine que nos 75 se remettent à hurler à la mort. C'est le moment.

Une flamme passe dans les yeux du chef. D'un geste rapide, il tire de l'étui son revolver.

— Mes enfants, baïonnette au canon ! Pour la France, en avant ! et il s'élance hors de la tranchée, suivi de tous.

Trente mètres sont franchis en quelques secondes ; mais notre mouvement a été vu, car une fusillade terrible nous jette à plat ventre.

Nos cœurs battent à se rompre dans nos poitrines et notre souffle est court. Ce sac est bien gênant ; quelques-uns s'en débarrassent déjà. Nous y voilà donc à nouveau.

Mon Algérien ne m'a pas quitté ; il tient d'une main son fusil, de l'autre la cisaille et me regarde prêt à me suivre.

Pas de dégâts encore ; ils tirent haut ; les balles font leur musique familière au-dessus de nos têtes et quelques « marmites » éclatent çà et là sans dommages. Nous attendons un ordre et gagnons du terrain en rampant. La fusillade se ralentit. Je regarde ceux qui m'entourent : ce sont des hommes faits ; aucun qui n'ait dépassé l'âge des témérité folles et des audaces irréfléchies ; rien que l'ardeur du combat et le bruit ne vient enivrer leur cerveau. Pourtant une résolution inébranlable crispe leurs mains robustes et durcit leurs visages.

— Ne tirez pas, en avant ! crie une voix.

Nous galopons comme des enragés dans le bois, parmi les branches qui nous cinglent au visage, nous enlèvent nos képis, s'accrochent aux pans de nos capotes.

Ta ca, ta ca, ta cata ca ta ! De

droite et de gauche, les mitrailleuses arrosent le taillis ; c'est comme une pluie de grêlons sur les feuilles et nous nous jetons à terre halctants..

Déjà, des vides dans notre ligne. Mais de nouveaux visages comblent les trous ; nous attendons anxieux, les tempes battantes sous la mitraille. Nos coudes se touchent dans les allées étroites et nous nous sentons forts.

Je ne sais ce que pensent mes voisins ; pour moi, une question s'obstine dans ma cervelle : oserai-je plonger ma baïonnette dans le corps d'un homme même coiffé d'un casque à pointe ? Cette lame quadrangulaire qui entre dans les chairs, le jet rouge, la grimace affreuse de l'homme transpercé !... J'ai vu de près tomber des têtes ; j'ai vu mourir sans émotion Liabeuf, Callemin et leurs pareils de sinistre mémoire ! Mais cela ?

Tacataca ta ca ta ! Piüh, piüh ! Vzz, vzz, vzz, vzz, baoum, baoum ! Quel vacarme ! Mais nos 75 se sont tus. A nous la fête maintenant.

— En avant, mes marsouins ! clame le commandant, nu-tête, superbe, échevelé, à dix mètres devant nous.

Sous l'ouragan de fer, les dents serrées, la poitrine bondissante, nous nous jetons à sa suite. Les rangs s'éclaircissent ; les hommes s'affalent comme s'ils trébuchaient sur quelque racine, mais nulle plainte ne s'élève. Les blessés se terrent sans bouger. Je ne reconnais plus que deux ou trois visages autour de moi ; mon tirailleur est toujours là. Il a mis son fusil en bandoulière et la main droite serre fortement la cisaille. Le dernier saut nous a portés presque à la clairière ; cinquante mètres à peine nous séparent des tranchées ennemies d'où part un ouragan de feu.

Comment nous contenir ? Les secondes nous semblent des heures ; nous sommes exaspérés, affolés du désir de tirer, de foncer en avant, de frapper, d'en finir ; sans nous en rendre compte, nous tirons avec fureur.

Soudain, nous tressaillons des pieds à la tête ; sur un couac magnifique, qui amène quand même un sourire à nos lèvres, un clairon sonne la charge ; un cri formidable : « En avant ! A la baïonnette ! » répété par mille poitrines. Et comme des fous, tandis que les notes métalliques nous fouaillent le cœur, nous nous ruons irrésistiblement.

« *Il y a la goutte à boire là-haut !*
Il y a la goutte à boire !... »

Hurlants comme des démons, aucun obstacle ne nous arrête. Qui tombe ? On n'en sait rien !

« *Il y a la goutte à boire là-haut !...*

Arbres couchés, enchevêtrés ; trous invisibles où nous perdons l'équilibre, fils de fer où nous nous empêtrons, plus rien ne brise notre élan.

« *Il y a la goutte à boire...*

D'un coup d'œil, de ce coup d'œil que seuls quinze ans de football peuvent donner à un homme, j'embrasse le champ de bataille ; cent mètres à peu près de tranchées, continuées plus loin par d'autres, deux mitrailleuses à chaque bout qui balaient le terrain d'une dernière rafale, et trente Boches à peu près — tout ce que deux officiers ont pu maintenir revolver au poing — debout devant les tranchées, et qui tirent en jurant. Le reste fuit devant nos baïonnettes, entraînant les réserves dans leur panique.

« Aux mitrailleuses ! Aux mitrailleuses ! » Vingt hommes se précipitent ; un caporal arrive le premier et foudroie sur sa pièce le sous-officier mitrailleur : les autres « moulins à café » se taisent aussi, pris sans doute. Mais le clairon ne se tait pas, lui :

... *Il y a la goutte à boire là-haut !*

La poignée d'Alboches se défend

courageusement. Formidable, un sergent de marsouins, d'un geste prompt comme la pensée, plante sa baïonnette dans la poitrine d'un grand diable qui tombe en vomissant un flot rouge ; l'arme a tellement pénétré que le sergent n'arrive à la retirer que tordue, inutilisable... Une mêlée horrible où les baïonnettes dégouttantes s'enfoncent dans les corps ; où les crosses des fusils brandis comme des massues s'abattent sur les têtes ; où les hommes, trop engagés, se heurtent, souffle à souffle, s'étreignent au milieu des jurons, des appels, des gémissements et des râles.

Deux hommes se jettent l'un sur l'autre avec tant de furie que leurs lames disparaissent dans leur ventre jusqu'à la croisière; ils tombent côte à côté, hoquetants. L'un des officiers boches encore debout s'élance sur un des nôtres qui vient de trébucher dans les fils, mais fait à son tour un faux pas et tombe sur son adversaire ; une lutte silencieuse commence alors entre les deux hommes et, soudain, le soldat, se dégageant d'un coup de reins, arrache son sabre à l'officier et le cloue à terre !

— Allez, les marsouins ! hurle un vieux soldat du Tonkin et du Maroc, en brandissant son fusil à bout de bras, beau comme une statue.

Eperdus, ce qui reste des Prussiens se jette à genoux : « Kamerades ! Kamerades ! » Mais la fureur du carnage emporte tout et, du reste, sacrifiant les leurs, ceux qui se sont repliés tirent déjà sur nous ;

les baïonnettes font leur œuvre terrible ; le dernier s'abat avec un hurlement horrible.

Nous sautons dans la tranchée conquise, couverts de sueur et de sang, les yeux agrandis d'horreur, la gorge sèche, presque gonflés de joie, et nous nous mettons à tirer sur les fuyards fébrilement.

La nuit tombe. Un bras sanguinolent passé dans la tunique déchirée, le visage inondé d'une blessure à la joue, le commandant bondit :

— Vingt hommes en avant ! Epuisez vos cartouches ! les autres fortifiez la tranchée !

Tout le monde a compris. En un clin d'œil, les outils quittent les sacs et pelles et pioches ; fouillent hâtivement le sol, tandis que la fusillade reprend...

Et, malgré cette lutte effroyable, qui dure depuis tantôt trois ans, les Poilus gardent leur bonne humeur. Le ressort n'est pas usé, leur grand cœur résiste encore. On se demande comment, sous cet uniforme bleu fripé, dans ces petits hommes qui circulent les mains dans leurs poches, polis, presque souriants, habite ce formidable génie de la guerre.

Jour de Noël dans le métro.

Premier Poilu, de bonne humeur, tout pimpant, bouquet de fleurs à la main : une rose, une branche de mimosa, un œillet pour sa belle ! — Second Poilu tenant la main de sa petite fille. Comme il la regarde — avec des yeux qui n'espéraient plus la revoir. La petite fille ! « Dis donc P'pa : si on repassait, ils nous salueraient la même chose, dis, les autres Poilus, les plus petits que toi... »

Avenue Victor-Hugo :

Un autre Poilu, Légion d'honneur, croix de guerre, béquilles, une seule jambe. Passe une midinette, rose, blonde, fraîche. Elle regarde d'un air triste la place de la jambe qui n'est plus. Le Poilu sourit, la Demoiselle pas. « Dites donc, la petite blonde, si vous regardiez celle que j'ai au lieu de celle que j'ai plus.

Allons... Mademoiselle, souriez... »

De Dixmude à Nieuport.

« Nous sommes bombardés à nouveau pendant le déjeûner. Nos enfants de tout âge continuent à être ridiculement imprudents. Je suis tiré de mon gourbi par des rires et des plaisanteries. C'est un loustic qui a découvert, je ne sais où, un vieux chapeau, un « tube » de soie. Eut-il jamais huit reflets ? Il n'en reste pas trace. Voilà mon bonhomme qui se promène à droite, à gauche, pour amuser les camarades ; il va se faire blesser stupidement. « Allons ! le mardi gras est passé ! Ramasse-moi ça vite ». Il rentre. Dix minutes plus tard, nouveaux rires qui m'appellent dehors ; l'enfant terrible circule maintenant debout sur la berge, en pleine lumière, avec son dandinement gauche de marin en capote qui veut faire des grâces, le « tube » toujours cocassement vissé sur le crâne. « Veux-tu descendre ! et plus vite que ça ! » Il s'excuse à regret : « Ne t'avais-je pas dit de cesser cette plaisanterie ? — « Mais lieutenant, les copains avaient vu le galurin, je le faisais voir aux boches. Histoire de leur montrer qu'on ne manque de rien. »

Poilu mourant (sergent Dayot) à la sœur qui veille.

Ma sœur je vais mourir, je le sens, mon corps est à moitié glacé.

Elle, d'une voix douce, l'encourageant : « Mais non, ce n'est rien,

vous vous remettrez, vous êtes jeune », puis, avec une tendresse de mère, regardant ses joues creuses et, ses yeux fixes : « Avez-vous un souhait, avez-vous un désir ? »
« Mais non, ma sœur, vous ne me comprenez pas. Mourir ici, mourir ici. Il me semble que je déserte. »

DEUXIÈME PARTIE

Comment ils surent mourir

Ma chère petite femme,

Avant de partir au feu, je tiens à te dire dans quelles conditions je pars. Je t'ai toujours caché que je me trouvais sur le champ de bataille pour ne pas t'effrayer ; mais, aujourd'hui que je pars, je tiens à te signaler quelles sont mes dernières volontés si le hasard ne veut pas que je te revoie.

Je te recommande mon vieux père. Si je meurs, aies soin de lui ; de même que, si mon beau-frère ne revenait pas, aides ma sœur à élever ses enfants: ce sont mes plus grands vœux.

D'autre part, tu vendras ou tu garderas notre commerce, ce que tu feras sera bien fait ; je te laisse pleine liberté pour faire ce que tu voudras.

Je recommande à mon lieutenant de te faire savoir où je serai enterré, afin que, si tu veux me faire revenir, tu puisses le faire. Crois, chère petite femme, que mes dernières pensées iront à toi. Je te recommande de penser à moi souvent, mais de ne pas en faire un deuil éternel. Tu es jeune, refais-toi un intérieur ; on doit trop souffrir, quand on est âgée, d'être seule. Voilà, chère petite femme, mes dernières volontés. En les écrivant, je pense à toi, à vous tous et, quoique brave, je ne puis m'empêcher de verser quelques larmes en cachette en pensant au mal que te fera ma mort. Mais que veux-tu ? c'est la destinée.

Je pars au combat avec confiance

et espoir. Mais, la fatalité peut s'abattre, brutale, sur moi comme sur tant d'autres. Mais, crois-le, tous les jours je penserai à toi et, tant qu'il me restera un souffle de vie, je t'écrirai pour te tranquilliser. Adieu chère petite femme, et reçois tous les baisers que mes lèvres auront la force de t'envoyer.

Ton mari qui t'aime.

X...

P.-S. — Je demande au lieutenant M... de bien vouloir faire parvenir cette lettre à ma femme, lorsqu'il le jugera utile, et de lui indiquer l'endroit exact ou je serai enterré. Je le remercie d'avance de cette mission pénible, mais je fais appel à sa bienveillance et je puis dire, à son amitié pour me rendre ce dernier service. Que ceux qui la trouveront lui fassent parvenir cette lettre, à la .... batterie du .... d'artillerie lourde et merci aux camarades qui me porteront à ma dernière demeure.

Celui qui a écrit cette lettre n'est plus. Il vient de succomber, dans un hôpital militaire, aux graves blessures qu'il avait reçues sur le front.

Dormez en paix, petits soldats de France au grand cœur, dormez en paix...

Depuis 1793, vous luttez pour le droit de l'homme. Maintenant, vous donnez votre dernière goutte de sang pour la liberté du monde !

Honneur à vous ! Reposez à l'ombre du drapeau Français, — du drapeau sacré, — au champ de gloire.

PARIS
Imprimerie Artistique " Lux "
131, boul. St-Michel.

PARIS
Imprimerie Artistique « Lux »
131, boul. Saint-Michel

PRIX : 1 FRANC 75

www.ingramcontent.com/pod-product-compliance
Lightning Source LLC
LaVergne TN
LVHW020433230826
846091LV00004B/1476

* 9 7 8 2 0 1 1 9 1 1 1 9 3 *